Mi
biblioteca
de
ciencias

D1404960

El día y la noche

Conrad J. Storad

Editora científica:
Kristi Lew

ROURKE
PUBLISHING
www.rourkepublishing.com

Editora científica: Kristi Lew
Antigua maestra de escuela secundaria con una formación en bioquímica y más de 10 años de experiencia en laboratorios de citogenética, Kristi Lew se especializa en hacer que la información científica compleja resulte divertida e interesante, tanto para los científicos como para los no científicos. Es autora de más de 20 libros de ciencia para niños y maestros.

www.rourkeeducationalmedia.com

Photo credits: Cover © Joshua Haviv, Evgeny Dubinchuk, Cover logo frog © Eric Pohl, test tube © Sergey Lazarev; Page 3 © happydancing; Page 5 © Yuriy Kulyk; Page 7 © BirDiGoL; Page 9 © Heizel; Page 11 © vovan; Page 13 © nadiya_sergey; Page 15 © Andriano; Page 17 © Dolly; Page 19 © Lori Skelton; Page 20 © Andrejs Pidjass; Page 22 © Heizel, BirDiGoL, happydancing; Page 23 © Lori Skelton, Yuriy Kulyk, Andrejs Pidjass

Editora: Kelli Hicks
Cubierta y diseño de página de Nicola Stratford, bdpublishing.com
Traducido por Yanitzia Canetti
Edición y producción de la versión en español de Cambridge BrickHouse, Inc.

Library of Congress Cataloging-in-Publication Data

Storad, Conrad J.
 El día y la noche / Conrad J. Storad.
    p. cm. -- (Mi biblioteca de ciencias)
 ISBN 978-1-61741-724-5 (Hard cover)
 ISBN 978-1-61741-926-3 (Soft cover)
 ISBN 978-1-61236-901-3 (Soft cover - Spanish)
 1. Earth--Rotation--Juvenile literature. 2. Sun--Juvenile literature. 3. Moon--Phases--Juvenile literature. 4. Day--Juvenile literature. I. Title.
 QB633.S76 2012
 525'.35--dc22
                            2011938845
Rourke Educational Media
Printed in the United States of America,
North Mankato, Minnesota

rourkeeducationalmedia.com

customerservice@rourkeeducationalmedia.com • PO Box 643328 Vero Beach, Florida 32964

¿Sabías que vivimos en un **planeta** que se mueve?

Al girar, la Tierra cambia del **día** a la **noche**.

El **sol** sale por el Este y se pone por el Oeste.

Oeste

Este

En la mañana, el sol sale y comienza el día.

Al atardecer, el sol
se pone y se hace de
noche.

Llega la noche. Sale la **luna**.

Algunas noches solo vemos la mitad de la luna.

Algunas noches solo vemos una **lasca** de la luna.

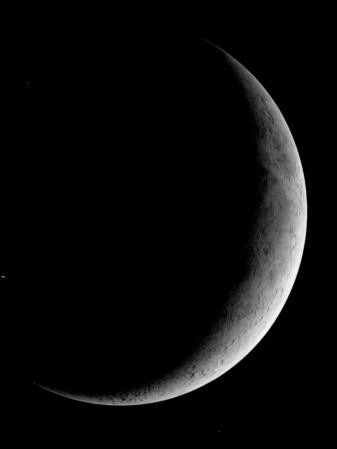

¡A veces hasta podemos ver la luna en pleno día!

¿Qué te gusta más?
¿El día o la noche?

1. ¿Por dónde sale el sol?
   ¿Por el Este o por el Oeste?

2. ¿Qué diferencia se ve en la
   luna cada noche?

3. ¿Qué podemos ver en el cielo?

Glosario ilustrado

día:
Momento en que el cielo está iluminado, entre la salida y la puesta del sol.

lasca:
Pequeño trozo cortado de algo más grande. A veces la Luna parece una rebanada o lasca.

Luna:
Satélite natural que se mueve alrededor de la Tierra una vez al mes.

noche:
Momento en que el cielo se ve oscuro. Tiempo entre la puesta y la salida del sol.

planeta:
Un planeta es uno de los ocho grandes cuerpos que giran alrededor del Sol.

Sol:
Estrella alrededor de la cual giran la Tierra y los demás planetas del sistema solar.

Índice

Sitios en la Internet

www.nasa.gov/audience/forkids/kidsclub/flash/index. html

www.kids.nineplanets.org/intro.htm

www.lpi.usra.edu/education/skytellers/day_night. shtml

Acerca del autor

Conrad J. Storad es un autor premiado con más de 30 libros para niños. Él escribe sobre animales, alimañas extrañas y planetas. Fue editor de una revista en la Universidad Estatal de Arizona por 25 años. Actualmente vive en Tempe, Arizona, con su esposa Laurie y con Sofía, su larga y pequeña perrita salchicha.